LES CULTIVATEURS

DEVANT

L'ENQUÊTE PARLEMENTAIRE

PARIS. — IMPRIMERIE DE E. DONNAUD

9, RUE CASSETTE, 9

LES CULTIVATEURS

DEVANT

L'ENQUÊTE PARLEMENTAIRE

PAR

M. LE COMTE M.-A. PELET DE LAUTREC

CULTIVATEUR A BRIORD (LOIRE-INFÉRIEURE).

> Sans l'étude, la réflexion et l'application, on
> ne peut faire de grandes choses.
>
> (JAMES WATT.)

PARIS

E. DENTU, ÉDITEUR

PALAIS-ROYAL, 17 ET 19, GALERIE D'ORLÉANS

1870

LES CULTIVATEURS

DEVANT

L'ENQUÊTE PARLEMENTAIRE

> Protéger le consommateur aux dépens du travail
> intérieur, c'est en général favoriser la classe
> aisée au détriment de la classe indigente, car
> la production c'est la vie du pauvre.
>
> NAPOLÉON III.

Les représentants du pays étudient en ce moment, dans une enquête impartiale, les effets réels du système économique inauguré en 1860 par les traités de commerce. Le devoir de tout citoyen est d'exposer loyalement les faits qui sont à sa connaissance ; il ne lui est pas permis de garder le silence dans une question où la grandeur et l'indépendance du pays sont en jeu. Je vais essayer de traiter la question au point de vue purement agricole, laissant à d'autres le soin d'exposer la situation de l'Industrie et de la Marine marchande.

Le libre-échange (où du moins ce que l'on appelle ainsi) a-t-il nui aux intérêts généraux du pays, à ses intérêts agricoles, et que demande l'Agriculture ? telles sont les questions que je me suis posées et auxquelles mon expérience comme agriculteur et des recherches consciencieuses me permettent dans une certaine mesure de répondre.

I

La France, pays agricole, peut être comparée à
une vaste ferme dans laquelle tous les objets nécessaires à la vie sont produits, avec des matières venant du sol ou du dehors, par le travail du fermier.
Pour que la ferme soit prospère, il faut qu'elle porte
sur les marchés voisins, afin d'y être vendues, des
marchandises dont le prix doit payer les frais généraux, les matières importées et le travail intérieur.
De même pour qu'une nation essentiellement agricole comme la France soit prospère, il faut que, par
son exportation, elle se couvre de ses importations
et du travail des matières venues de l'étranger. Si
le fermier achète des bœufs maigres avec l'intention
de les engraisser, il devra, pour que l'opération soit
bonne, lorsqu'il s'en défera, trouver dans le prix
de vente, d'abord le prix d'achat, en second lieu la va-

leur des rations consommées, enfin, la rémunération de son travail ; de même, si le commerce introduit en France une matière brute, des peaux par exemple, pour qu'elles soient travaillées, il devra exporter des valeurs représentant : 1° le prix d'achat, 2° la valeur des matières employées dans la préparation, 3° le travail national, sinon il y aura perte pour le pays en général. Pour bien se rendre compte des effets des deux systèmes économiques, il faut établir leur bilan et étudier la valeur réelle des résultats. Les états du commerce de la France n'étant pas encore publiés pour l'année 1869, aux huit années de libre-échange, de 1861 à 1868 inclusivement, je comparerai les deux périodes de 8 ans, de 1853 à 1860 et de 1845 à 1852.

Au point de vue général, dans la première période, de 1845 à 1852, époque de protection, le total des importations s'élève à 6,636 millions fr., et les exportations à 8,052 millions fr., soit en faveur des exportations 1,416 millions fr. ou une plus-value moyenne par an de 177 millions fr.

Dans la deuxième période de 1853 à 1860, époque

de transition, les importations montent à 13,046 millions fr. et les exportations à 14,703 millions fr., soit en faveur des exportations 1,657 millions fr., ou une plus-value moyenne de 207 millions fr. par an.

Dans la troisième période, de 1861 à 1868, époque du libre-échange, les importations sont de 21,362 millions fr., et les exportations de 21,621 millions fr., soit en faveur des exportations 259 millions fr. ou une plus-value moyenne par année de 32 millions fr. Ce résultat eût été tout autre sans la guerre du Mexique : nos exportations ont reçu une grande extension pour cette cause, et certes, en bonne administration, l'on ne devrait pas faire figurer comme *vendus* des produits que l'on va soi-même consommer onéreusement au loin. Pendant la guerre les exportations dépassent les importations de un milliard et demi ; après, en 1867 et 1868, les importations dépassent les exportations de 634 millions.

Ainsi, pour les deux périodes antérieures au libre-échange, nous avons une plus-value moyenne annuelle de 192 millions et pour la période de libre-

échange cette plus-value n'est que de 32 millions.
Dans son ensemble le résultat est positif, satisfaisant pour les trois périodes, quoique très-dissemblable ; agricolement, quels sont les effets réels ?

II

Sur quels faits s'appuyer pour arriver à connaî-
tre les effets réels des traités de commerce par rapport à l'agriculture?

Dans une ferme bien dirigée le cultivateur doit
retirer du sol et des animaux, à leur maximun de
rendement, tous les produits que son travail peut
lui donner, et, autant que possible, diminuer les
importations de toutes natures en produisant davantage par une direction et un travail intelligents.
En effet la richesse d'une ferme est égale au travail
qui multiplie les produits : la ferme est d'autant
plus prospère que les divers produits résultant du
travail sont nombreux, excèdent les besoins du producteur et servent au commerce du dehors ; de
même la richesse d'un pays agricole, tel que la
France où l'agriculture est le principal et l'industrie
l'accessoire, est dans son exportation lorsque rien

d'anormal ne vient modifier sa situation économique.

La France, pays essentiellement agricole, ne peut
être comparée à l'Angleterre et à la Belgique :
1° parce qu'elle ne possède pas comme la première
d'immenses colonies florissantes qui envoient à la
mère-patrie leurs richesses économisées, 2° qu'elle
n'a pas une puissante marine marchande, comme
celle de sa rivale, absorbant le commerce maritime
du monde entier et important les fruits de son commerce, — la marine marchande anglaise opère sur
39 millions de tonnes et la nôtre sur 1 million,
— 3° que son transit est insignifiant, relativement,
et que loin de procurer comme à l'Angleterre et à
la Belgique industrielle des profits considérables,
il cause à son agriculture des pertes énormes (ce
qui sera prouvé), 4° qu'enfin elle n'a pas comme
la Belgique le monopole de la contrebande.

La Belgique, en 1868, avec un commerce général d'importation de 1,621 millions, a transité
800 *millions*, tandis que la France, la même année,
n'a transité qu'*un milliard*, c'est-à-dire, proportion
gardée entre les deux territoires, *dix-sept fois moins*.

On ne peut pas établir de comparaison entre les importations de la France agricole et celles de l'Angleterre et de la Belgique industrielles et commerçantes, de même qu'on ne peut comparer une ferme à une manufacture : si leur but est identique, la richesse, leurs moyens d'action sont complétement différents.

Présentez à un foyer incandescent une boule de graisse et un œuf, la graisse, quoique plus dense, fondra et l'œuf se solidifiera ; de même au foyer du jugement les importations françaises et anglaises changent de nature.

Dans ma commune habitent un vieux marin et un vieux soldat, mes amis ; le marin, vieux loup de mer, a beaucoup connu les Anglais qu'il déteste cordialement tout en admirant leur énergique volonté et leur savoir-faire. Ayant perdu l'habitude du travail agricole, voulant vivre et doué d'une grande énergie, mon vieil ami le marin s'est fait le saigneur (il immole des cochons) et le rouleur (il transporte aux foires les cochons de lait des petits cultivateurs) de la localité, saignant ici et là, charroyant à toutes les foires la marchandise (la porchaille) des uns et des autres ; le soir il rentre au logis ayant à lui plusieurs petits cochons, résultat de son commerce. Notre homme importe toujours, et, loin de se ruiner, plus il importe plus il s'enrichit : il travaille à l'instar de l'Anglais.

Le vieux soldat, mon autre bon ami, n'ayant pas non plus de goût pour la terre, s'est mis commissionnaire et il opère le transit des volailles ; il le fait sur une grande échelle, et la contrebande aidant contre l'octroi, aussi souvent qu'il le peut, il gagne très-largement sa vie en transportant les marchandises des autres dont une partie lui reste : il imite les Belges qu'il a beaucoup étudiés pendant qu'il tenait garnison à Lille (en Flandre).

Est-ce là le métier de la majorité des Français ? Non, assurément : la masse de la nation, ce sont des cultivateurs qui produisent et exportent. Ce qui est vrai pour l'Anglais et le Belge, pour lesquels le commerce, l'industrie, les transports et le transit sont le principal élément de richesse, n'est pas exact pour le Français pour qui le commerce, l'industrie, les transports et le transit sont l'accessoire.

Proportion gardée entre les populations, le commerce maritime de l'Angleterre étant 52, celui de la France est 1 ; le transit de la Belgique est 7 fois plus considérable..

III

La richesse d'une nation est la résultante du travail national qui multiplie les produits nationaux :
d'où, afin d'avoir le compte purement agricole
des importations et des exportations, il faut en déduire la valeur et le travail industriel de la soie, de
la laine et des peaux importées. Lorsqu'un cultivateur vend (exporte) des bœufs qu'il a engraissés,
pour juger la bonté de son opération, il doit grever
l'achat (importation) des frais d'engraissement (travail
intérieur) : la différence entre le prix d'achat brut et
le travail qu'il a nécessité, d'une part, et le prix de
vente, d'autre part, constitue une bonne opération
si la vente (exportation) est supérieure à l'achat (importation), ou une mauvaise si l'achat et les frais
accessoires sont supérieurs à la vente.

Dans le bilan de la France agricole que je vais

avoir l'honneur d'établir, pour la clarté de la dis-
cussion, l'Agriculture (le principal facteur de la richesse du pays) considère l'Industrie (le facteur
secondaire) comme une annexe, travaillant pour elle.

Par quel chiffre représenter le salaire de l'Industrie dans le travail de la soie, de la laine et des
peaux ? Les documents officiels donnent pour la soie
manufacturée le coefficient —2—, c'est-à-dire qu'un
kilogramme de soie grége valant —1—, un kilogramme de tissu de soie vaudra —2— fois plus ;
pour la laine — 3,5 ; pour les peaux — 6 ; ainsi, en
multipliant le prix d'achat de la soie, de la laine et
des peaux par les coefficients 2,—3,5— 6, l'on
aura la somme à payer à l'Industrie pour la période
de 1861 à 1868.

Pour la période de 1853 à 1860, quoique la main-
d'œuvre fût moins élevée que de nos jours, soit
les mêmes coefficients.

Pour la période de 1845 à 1852, ces coefficients
diminués de 20 p. 100, malgré qu'il y ait une plus
grande différence dans les prix de la main-d'œuvre
entre 1868 et 1845 ; mais la cause du travail national

est si excellente qu'elle n'a besoin d'aucune exagération : la vérité pure et simple lui suffit.

Plus l'industrie emploie de produits de l'agriculture étrangère (soie, laine et peaux), plus les bras et
les capitaux délaissent l'agriculture nationale : les
capitaux payent ces produits étrangers et les bras les
travaillent.

Pour que l'Agriculture, l'Industrie et le Commerce
soient prospères, il faut que celui-ci, après avoir
importé la soie, la laine et les peaux travaillées par
l'Industrie, exporte des matières manufacturées d'une
valeur équivalente au prix d'achat de la matière
brute et du travail, et enfin un excédant des produits
divers nationaux, lequel excédant sera la part de
l'Agriculture. De 1845 à 1852, il a été importé 679
millions de francs de soie, et exporté 65 millions,
soit 614 millions nets à l'importation. Cette énorme
valeur livrée à l'Industrie par le Commerce est venue
faire concurrence à la soie du pays : de là antago-
nisme entre l'Industrie et l'Agriculture, lutte des
deux intérêts ; il faut que l'une soit sacrifiée à l'autre,
car dans une bataille il y a un vaincu et un vain-
queur ; mais dans les luttes pacifiques du travail, ce

qu'il y a de beau, c'est que, contrairement aux luttes guerrières dans lesquelles la mort ou la ruine de l'adversaire est le prix de la victoire, le triomphe est la récompense des deux combattants toutes les fois que l'équité est de la partie. Comment concilier ces intérêts divers? Par un bénéfice prélevé sur l'étranger.

Les importations de soie s'élevant à 679 millions de francs, en y ajoutant la valeur des tissus importés — 39 millions — et le travail 491 millions, nous avons 1,210 millions de francs de produits dont la matière première vient de l'étranger ; d'autre part, notre exportation étant de 1,478 millions, restent 268 millions de francs pour le bénéfice de l'Agriculture.

Dans la deuxième période, de 1853 à 1860, nous avons une plus-value de 460 millions, et dans la troisième, de 1861 à 1868, une perte de 71 millions.

Voilà ce que disent les chiffres puisés dans les documents officiels, documents qui peuvent renfermer quelques erreurs inhérentes à leur nature, mais qui, cependant, sont la seule base sérieuse de tout travail du genre de celui que j'ai l'honneur de présenter à l'appréciation du pays.

Dans la période de protection, de 1845 à 1852, le Commerce a demandé à l'étranger 12 millions de francs de blé ; dans la période de transition —1853 à 1860, — 238 millions et depuis le libre-échange, 735 millions de francs ; cependant la population de la France n'a pas augmenté sensiblement. C'est la spéculation seule qui fait cette situation ; l'entrée en franchise des céréales concentre tout le commerce entre les mains des grands usiniers et des riches négociants devenus les maîtres du marché français, la lutte est devenue impossible : la culture est sous le joug du monopole des gros capitaux.

Pour les laines, de 1845 à 1852, les importations et le travail de l'Industrie donnent un total de 943 millions ; les exportations s'élèvent à 1,135 millions : d'où le bénéfice de l'Agriculture est de 192 millions.

Dans la période de transition le bénéfice est de 136 millions ; pendant les huit années du libre-échange la perte de l'Agriculture est de 2,423 millions.

En ce qui concerne les bœufs, vaches, moutons et cochons, fromage, beurre, volailles, œufs, suif et peaux, de 1845 à 1852, le travail des peaux compris, les importations montent à 1,106 millions, tandis que les exportations ne s'élèvent qu'à 485 millions, soit une perte de 621 millions.

Dans la 2e période, de 1853 à 1860, la perte est de 1,725 millions ; dans la troisième, de 1860 à 1868, elle est de 3,496 millions.

La Viticulture, dans la première période, a un bénéfice de 669 millions, dans la seconde — 1,662 millions, et dans la troisième — 2,256 millions.

En résumé, la Protection accuse un bénéfice de 495 millions, la Transition 296 millions et le Libre-Echange une perte de 4,469 millions.

Certes le commerce général de la France a augmenté considérablement depuis 24 ans, mais chose digne d'attention, à mesure que l'Industrie et le Commerce augmentent leurs opérations avec l'étranger, l'Agriculture accuse des souffrances de plus en plus grandes : c'est que l'œuvre nationale de Sully, de Colbert et de Trudaine, — que la richesse d'une nation réside dans la puissance productive du sol et non dans le trafic des produits de l'étranger, — disparaît de jour en jour pour faire place à la maxime cosmopolite de la liberté absolue du commerce par laquelle la justice commutative est violée.

De 1845 à 1852, les importations et exportations réunies montent à 14,689 millions, et le bénéfice de la France est de 1,416 millions, dont 921 millions pour l'Industrie et le Commerce et 495 millions pour l'Agriculture ; de 1853 à 1860, elles sont de 27,749 millions et le bénéfice de la France 1,657 millions, dont 1,361 millions pour l'Industrie et le Commerce et 296 millions pour l'Agriculture, de 1861 à 1868, elles atteignent 42,983 millions et le bénéfice de la France n'est que 259 millions ; donc *tout* pour l'Industrie et le Commerce, lesquels ont en outre prélevé un bénéfice de 4,469 millions sur l'Agriculture.

COMMERCE SPÉCIAL DE LA FRANCE

TABLEAU I.

(1845 — 1852)

1re PÉRIODE. — Protection.

Importation.	Exportation.
856,200,000 fr.	848,100,000 fr.
920,000,000	852,300,000
975,900,000	891,100,000
556,600,000	833,700,000
779,800,000	1,032,200,000
780,800,000	1,123,600,000
781,300,000	1,238,500,000
986,000,000	1.233.300,000
6,636,600,000	8,052,800,000

$$E = 8,052,000,000 \atop I = 6,636,000,000 \Bigg\} \ 14,689,000,000 \ \text{fr.}$$

Excédant des exportations. 1,416,000,000

2e PÉRIODE. — Transition.

(1853-1860)

Importation.	Exportation.
1,196.000,000 fr.	1,542,000,000 fr.
1,292,000,000	1,414,000,000
1,594,000,000	1,558,000,000
1,990,000,000	1,893,000,000
1,873,000,000	1,866,000,000
1,563,000,000	1,887,000,000
1,644,000,000	2,266,000,000
1,897,000,000	2,277,000,000
13,046,000,000	14,703,000,000

$$E = 14,703,000,000 \atop I = 13,046,000,000 \Bigg\} \ 27,749,000,000 \ \text{fr.}$$

Excédant des exportations 1,657,000,000

3ᵉ PÉRIODE. — Libre-échange.

(1861-1868)

Importation.	Exportation.	
2,442,000,000 fr.	1,926,000,000 fr.	
2,199,000,000	2,243,000,000	
2,426,000,000	2,643,000,000	
2,528,000,000	2,924,000,000	guerre du Mexique
2,642,000,000	3,088,000,000	id.
2,794,000,000	3,181,000,000	id.
3,027,000,000	2,826,000,000	
3,304,000,000	2,790,000,000	
21,362,000,000	21,621,000,000	

$$E = 21,621,000,000$$
$$I = 21,362,000,000$$

42,983,000,000 fr.

Excédant des exportations   259,000,000

TABLEAU II

(1845-1852)

Bilan de l'Agriculture pendant la Protection.

Importation.		Exportation.	
Soie.	679,800,000 fr.	Soie.	65.700,000 fr.
Tissus.	38,800,600	Tissus.	1,442,500,000
Travail de l'Indus-trie.	491,200,000		
	1,209,800,000		1,478,200,000

Balance en faveur de l'Agriculture, 268,400,000 fr.

Céréales.	360,300,000 fr.	Céréales.	348,000,000 fr.

Balance en faveur de l'Étranger, 12,300,000 fr.

Laines.	347,000,000 fr.	Laines.	4,000,000 fr.
Travail de l'Indus-trie.	626,000,000	Tissus.	942,000,000
		Fils.	46.600,000
		Confections	142,100,000
	943,000,000		1,434,700,000

Balance en faveur de l'Agriculture, 191,700,000 fr.

Bœufs, vaches, mou-tons, cochons.	49,300,000 fr.	Bœufs, vaches, mou-tons cochons.	35,200,000 fr.
Viandes	2.600,000	Viandes	24,200,000
Beurre et fromage.	43,900,000	Beurre et fromage.	30,800,000
Suif	26,300,000	Suif et chandelles.	11,600,000
Volailles	1,600,000	Volailles	5,200,000
Œufs	6,500,000	Œufs.	42,400,000
Peaux bru'es.	203,000,000	Peaux brûtes.	9,700,000
Travail des peaux.	773,000,000	— mégissées	325,600,000
	1,106,400,000		484,700,080

Balance en faveur de l'Étranger, 621,700,000 fr.

Vin.	4,300,000 fr.	Vin	544,000,000 fr.
Alcool.	3,600,000	Alcool.	465,400,000
	7,900,000		676,500,000

Balance en faveur de l'Agriculture = 668,600,000 fr.

Pertes.		Profits.	
Céréales	12,300,000 fr.	Soie	268,400,000 fr.
Bestiaux	624,700,000	Laines.	191,700,000
		Vin	668,600,000
	634,000,000		1,128,700,000

Balance générale en faveur de l'Agriculture, 494,700,000 fr.

TABLEAU III.

(1852 — 1860).

Bilan de l'Agriculture pendant la transition.

Importation.		Exportation.	
Soie	1,639,900,000 fr.	Soie	276,500,000 fr.
Tissus.	76,300,000	Tissus.	2,263,600,000
Travail de l'In-			
dustrie	1,363,400,000		
	3,079,600,000		3,540,100,000

Balance en faveur de l'Agriculture, 460,500,000 fr.

Céréales	689,800,000 fr.	Céréales	451,800,000 fr.

Balance en faveur de l'Étranger, 238,000,000 fr.

Laines.	533,100,000 fr.	Laines	36,300,000 fr.
		Tissus.	1,405,700,000
Travail de l'In-		Fils.	40,000,000
dustrie	1,242,000,000	Confections . . .	429,400,000
	1,775,100,000		1,911,400,000

Balance en faveur de l'Agriculture, 136,000,000 fr.

Bœufs, vaches, moutons, cochons.	280,000,000 fr.	Bœufs, vaches, moutons, cochons.	89,100,000 fr.
Viandes.	12,800,000	Viandes.	37,400,000
Beurre et fromage.	68,200,000	Beurre et fromage.	120,200,000
Suif.	36,900,000	Suif et chandelles.	12,800,000
Volailles. . . .	8,100,000	Volailles. . . .	12,400,000
OEufs.	15,500,000	OEufs.	86,300,000
Peaux brutes. . .	120,300,000	Peaux brutes . .	15,500,000
Travail des peaux	2,029,000,000	Peaux mégissées.	772,400,000
	2,870,800,800		1,146,100,000

Balance en faveur de l'Etranger 1,724,700,000 fr.

Vin.	152,100,000 fr.	Vin.	1,464,200,000 fr.
Alcool.	122,000,000	Alcool.	472,100,000
	274,000,000		1,936,300,000

Balance en faveur de l'Agriculture, 1,662,200,000 fr.

Pertes.		Profits.	
Céréales. . . .	238,000,000 fr.	Soie.	460,500,000 fr.
Bestiaux. . . .	1,724,700,000	Laines	136,000,000
		Vins	1,662,200,000
	1,962,700,000		2,250,700,000

Balance générale, en faveur de l'Agriculture, 296,000,000 fr.

TABLEAU IV.

(1861-1868.).

Bilan de l'Agriculture pendant le libre-échange.

Importation.		Exportation.	
Soie	2,410,600,000 fr.	Soie.	796,000,000 fr.
Tissus.	89,500,000	Tissus.	3,247,400,000
Travail de l'In-			
dustrie	1,614,600,000		
	4,114,700,000		4,043,400,000

Balance en faveur de l'Etranger, 71,300,000 fr.

Céréales. . . . . 1,348,400,000 fr. | Céréales. . . . . 613,200,000 fr.

Balance en faveur de l'Etranger, 735,200,000 fr.

Laines.	4,743,600,000 fr.	Laines	311,600,000 fr.
Tissus.	303,700,000	Tissus.	2,425,400,000
Fils.	65,800,000	Fils.	134,500,000
Travail de l'In-		Confections . . .	648,000,000
dustrie.	3,529,700,000		
	5,642,700,000		3,219,500,000

Balance en faveur de l'Etranger, 2,423,200,000 fr.

Bœufs, vaches, moutons et cochons. . . .	734,900,000 fr.	Bœufs, vaches, moutons, cochons. . . .	204,600,000 fr.
Viandes.	67,300,000	Viandes.	55,000,000
Beurre et fromage.	151,300,000	Beurre et fromage.	425,300,000
Suif.	241,400,000	Suif et chandelles.	65,500,000
Volailles. . . .	22,500,000	Volailles.	36,100,000
Œufs.	30,500,000	Œufs.	236,400,000
Peaux brutes . . .	830,700,000	Peaux brutes. . .	410,300,000
Travail des peaux	3,602,000,000	Peaux mégissées.	1,051,600,000
	5,680,700,000		2,184,800,000

Balance en faveur de l'Etranger, 3,495,900,000 fr.

Vin.	58,700,000 fr.	Vin.	1,867,600,000 fr.
Alcool.	57,600,000	Alcool.	505,000,000
	116,300,000		2,372,600,000

Balance en faveur de l'Agriculture, 2,256,300,000 fr.

Pertes.		Profits.	
Soie	71,300,000 fr.		
Céréales. . . .	735,000,000	Vin.	2,256,300,000 fr.
Laines	2,423,200,000		
Bestiaux.	3,495,900,000		
	6,725,400,000		2,256,300,000

Balance générale en perte pour l'Agriculture, 4,469,100,000.

Nota. — Dans le tableau I, la 3ᵉ période se solde par 259 millions en faveur de la France, d'où ce n'est pas l'Etranger qui bénéficie de ces 4,469 millions, mais bien l'Industrie et le Commerce au détriment de l'Agriculture.

Observations. — Les valeurs de la première période, de la Protection, sont les *valeurs officielles* établies en vertu de l'ordonnance royale du 29 mai 1826; elles diffèrent grandement avec les *valeurs actuelles* : il faut en tenir compte pour avoir une idée juste de l'étude des trois périodes s'étendant de 1845 à 1868. Ainsi,

```
En 1846, un bœuf en valeur officielle vaut.. 200 fr.
  —      un porc . . . . . . . . . . . . . . . . .  30
  —      un hectolitre de vin exporté en Russie.  44
  —             —           ordinaire. . . . .  20
  —      un kilogramme de peau corroyée. . .    3 fr. 75
```

TANDIS QU'EN 1866

```
Le même bœuf vaut. . . . . . . . . . . . . .  486 fr.
  —      porc. . . . . . . . . . . . . . . . .  110
  —      hectolitre de vin exporté en Russie. 260
  —             —           ordinaire. . . . .  50
  —      kilogramme de peau mégissée. . . .  11
```

Comme on le voit par ces valeurs si dissemblables, pour avoir une idée vraie des deux époques, il ne faut pas s'en rapporter aux chiffres dans toute leur aridité. Ainsi, par exemple, en 1846 la France a exporté 1,345,443 hectolitres de vin d'une *valeur officielle* de 45 millions de francs, et en 1867 l'exportation de 2,495,894 hectolitres est estimée 244 millions *valeur actuelle* : au prix de l'hectolitre

de vin dans la période actuelle, l'exportation de 1846
vaudrait 132 millions au lieu de 45 millions, soit
300 0/0 de différence.

Si nous appliquons cette proportion à la balance
générale de la première période, nous trouvons
que le bénéfice de la Viticulture est de plus de
deux milliards au lieu de 669 millions, et que le
bénéfice général de l'Agriculture *est réellement*
de 1,499 millions et non 494 millions comme le disent les valeurs officielles.

TABLEAU V.

Résumé général des opérations agricoles.

1re ÉPOQUE.

Protection.

Importations et exportations réunies . . . . 14,689,400,000 fr.
Bénéfice de la France. 1,416,200,000
Bénéfice de l'Industrie et du Com-
    merce. . . . . 924,500,000 fr.
Bénéfice de l'Agriculture. 494,700,000
                              1,416,200,000

2e ÉPOQUE.

Transition.

Importations et exportations réunies. . . . . 27,749,000,000 fr.
Bénéfice de la France. 1,657,000,000
Bénéfice de l'Industrie et du Com-
    merce. . . . . 1,361,000,000 fr.
Bénéfice de l'Agriculture. 296,000,000
                              1,657,000,000

3e ÉPOQUE.

Libre-Echange.

Importations et exportations réunies. . . . . . . 42,983,000,000 fr.
Bénéfice de la France. 259,000,000
Bénéfice de l'Industrie et du Com-
    merce sur l'Etranger. . . . . . . 259,000,000 fr.
Bénéfice de l'Agriculture 000,000,000
                              259,000,000

EN RÉSUMÉ :

Bénéfice de l'Industrie et du Commerce sur
   l'Etranger. . . . . 259,000,000 fr.
Bénéfice sur l'Agriculture 4,469,100,000
                                4,728,100,000

Voilà ce qui explique la pléthore d'argent de la
Banque de France, comment les capitaux ne font
pas défaut aux folles entreprises financières, industrielles et commerciales, et pourquoi l'agriculture
se plaint.

Il est de la plus haute importance de se souvenir
que cette étude ne touche à l'Industrie et au Commerce que dans leurs rapports avec l'Agriculture,
et qu'ainsi les opérations de l'Industrie et du Commerce dans leurs rapports entre eux peuvent accuser
d'immenses richesses d'un côté et des désastres
d'autre part.

IV

L'étude du tableau II montre toutes les branches
de l'Agriculture en pleine séve : les contrées à soie
et à vin payent les produits étrangers qu'elles ne peuvent trouver sur le marché intérieur; il y a équilibre
entre l'Industrie et l'Agriculture. Tels sont les fruits
de la Protection, principe de la conservation et de
l'amélioration de toute organisation sociale. La Protection, appuyée sur la Justice, l'Equité et la Raison,
donne satisfaction à tous les besoins du pays en pré-
servant la liberté des folies de la licence et de l'étouf-
fement du monopole ou accaparement. Dans la
société, la limitation des droits de chacun au profit
de tous constitue la civilisation et la liberté. En ne
tenant pas compte des droits de tous et de chacun, la
liberté devient licence et anarchie, et c'est ainsi que

le libre-échange, se parant du mot magique de liberté, a concentré toute la puissance matérielle dans les mains des grands banquiers et des grands usiniers, et qu'il a fait naître l'imprévoyance de l'Etat : témoin ce qui vient d'avoir lieu en Algérie où, en plein libre-échange, à la porte de la France, dans une partie de la France, car le sol africain est français, des populations entières sont mortes de faim par suite de spéculation et d'imprévoyance.

Dans le tableau III, nous voyons l'Industrie, favorisée par les circonstances, la mise en exploitation des grandes lignes de chemins de fer, tendre à rompre en sa faveur l'équilibre des forces productives du pays. C'est de cette époque, en pleine prospérité agricole, que, pour favoriser les ouvriers des villes, idoles du jour et frayeur de l'avenir, datent les grands travaux de Paris et d'autres cités, afin de procurer de l'ouvrage à leurs populations turbulentes pour les mieux gouverner. Et dans ce but, la soie, la laine les peaux, le suif..., toutes matières procurant du travail aux ouvriers des villes, sont introduits en franchise sur le marché national au détriment de l'Agriculture. Quoique le mouvement agricole soit de plus en plus considérable, que la culture soit prospère, les bras commencent cependant à abandonner le sol, parce que l'Agriculture ne peut donner des salaires aussi élevés que l'Industrie ; les capitaux hésitent, déjà la libre entrée des céréales imprime une défaveur aux placements fonciers. Les populations rurales, attirées dans les villes par le haut prix des salaires industriels, quittent les campagnes : Paris voit sa population subir une augmentation plus considérable que celle de toute la France.

Grâce à l'absence des produits vinicoles étrangers sur le marché intérieur, la Viticulture résiste à l'entraînement général vers les villes, et l'oïdium, combattu énergiquement et avec persévérance, est vaincu ; ce qui, certes, n'aurait pas eu lieu, si la spéculation avait eu la possibilité de trouver quelque part, comme la chose s'est faite pour la soie, des vins étrangers à substituer à nos vins, car la misère et le découragement n'engendrent pas la richesse, fruit du travail, et le travail cesse là où il n'y a pas de bénéfice.

Dans le tableau IV le libre-échange a ses coudées franches, et telle la locomotive sans frein broyant

tout devant elle, tels le Commerce et l'Industrie sans
modérateur (la Protection éclairée) importent et
exportent avec frénésie; ne pouvant trouver des débouchés au dehors pour les produits manufacturés,
ils les ont jetés sur le marché intérieur en causant
la ruine des produits similaires bruts. De là perte
pour le producteur de laines, de céréales,... diminution très-forte de la valeur des peaux et du suif,
et finalement gêne des consommateurs qui, notamment, voient la viande, leur principal aliment, augmenter considérablement de prix.

Comme les objets manufacturés ont conservé leurs
prix élevés, malgré la baisse considérable des matières
premières, il s'ensuit que la spéculation seule fait des
bénéfices...A Paris, spécialement, un bœuf de 350 kil.
paye à l'octroi 8 p. 100 de sa valeur, il a payé au
chemin de fer, en venant de Bretagne, 6 p. 100, à
l'Etat 20 p. 100 pour sa nourriture, au département
et à la commune s'il a travaillé trois ans (ce qui est
le minimum) 5 p. 100; au total 39 p. 100 de sa valeur s'en vont en réjouissances fiscales; là-dessus,
perte encore de 5 p. 100 à cause de l'entrée en franchise des peaux et du suif : c'est donc une dimi-

nution de 44 p. 100 qu'un bœuf éprouve fatalement
avant d'arriver chez le boucher. En mettant un droit,
de toute justice, sur les peaux, le suif, la laine et
sur le bétail étranger de 12 p. 100 la spéculation
contribuerait à garnir la caisse de l'État d'écus et le
prix de la viande baisserait au grand contentement
du consommateur. Les bouchers, tout en livrant la
viande à bien meilleur marché, feraient cependant
un bénéfice raisonnable; les abats les dédommage-
raient suffisamment. Il est vrai que cela n'arran-
gerait pas le monopole des compagnies de chemins
de fer ; elles payeraient plus cher les peaux et le
suif de 12 p. 100.

Dans la période que nous étudions, les importations de peaux et de suif se sont élevées à 1,700 millions; cette énorme valeur provient de 10 milliards
de viandes étrangères. En laissant entrer en franchise
ces matières agricoles, le trésor public a perdu deux
cent quatre millions et les consommateurs cin-
quante-sept millions de francs par l'augmentation
du prix de la viande, sans pour cela payer leurs
chaussures un centime de moins.

V

L'étude que nous venons de faire montre, avec la dernière évidence, que la Protection a été le principe de l'amélioration et de la richesse de la France agricole, mais est-ce à dire que l'Agriculture ne veut pas de la liberté? Loin de là! l'Agriculture est à la hauteur de la civilisation moderne ; elle sait que les aspirations de notre époque sont vers la liberté universelle et elle n'entend pas demander des faveurs : elle veut le règne du droit commun. C'est pour cela que l'état actuel des choses ne peut plus durer, car la liberté est d'un côté et les entraves de l'autre : liberté pour tous et égalité devant l'impôt, telle est sa devise. Il faut que chaque produit, en arrivant à la consommation, ait payé à l'État le

même droit proportionnel et que toutes ces inégalités
de droits fiscaux ou autres disparaissent : plus de matières vouées spécialement à l'impôt. Pourquoi le
fisc fait-il supporter au sucre, à l'alcool, au vin des
droits s'élevant de 200 à 400 p. 100 de leur valeur et
laisse-t-il d'autres produits circuler librement ?
Pourquoi vouer à la misère les populations maritimes n'ayant que la culture du sel pour vivre ? Le sel
paye 2,000 p. 100 de sa valeur.

La lumière est faite : l'Agriculture demande
autre chose que de pompeuses promesses et de vains
discours. Chose étrange ! c'est au moment où l'on
parle le plus de la puissance que l'Agriculture procure à l'Etat, que, par une fatalité aveugle, tout
conspire à sa ruine : les bras, les capitaux et le
marché intérieur l'abandonnent. Les bras la quittent pour aller au Commerce, saisi de vertige, lancé
dans une voie hors de proportion avec la puissance
maritime et les débouchés de la France, les capitaux
attirés par les gains aléatoires d'opérations financières remplies de mirage la dédaignent, et l'Industrie, dont les prétentions n'ont plus de bornes,
aux prises avec les exigences d'une situation tendue,

demande à l'étranger les matières premières et les produits alimentaires dont elle a un absolu besoin, par suite de la rupture de l'équilibre des forces productives du sol. Au nom de la Liberté, les produits étrangers, toujours afin de favoriser les populations industrielles, voient tomber toutes les barrières, et les charges publiques, de plus en plus élevées, deviennent le lot de la culture à laquelle on dit : Faites mieux, faites autre chose, liquidez la routine.

L'Agriculture, jusqu'à ce jour, avait possédé le marché intérieur ; laissant à l'Industrie toutes les jouissances délétères des villes, elle se contentait de demander son indépendance aux rudes travaux des champs, mais présentement que tout est changé, au nom de la liberté elle réclame un allégement dans ses charges. Elle demande que le produit étranger paye sa part proportionnelle d'impôt, la suppression des barrières intérieures, l'abolition de l'exercice, du droit perçu sur les prêts hypothécaires (on lui parle crédit et lorsqu'elle emprunte pour travailler elle paye l'amende), l'abolition du droit de circulation, de l'impôt du sel, la diminution des droits de mutation.

Manquant de houille, ce combustible puant et malpropre, elle réclame l'abolition de l'impôt sur l'alcool considéré comme calorique. Laissons la houille à l'Angleterre et utilisons l'alcool, ce produit français si approprié à notre propre caractère national et qui remplacerait avantageusement dans nos habitations le gaz et la houille, caloriques infects pour lesquels nous sommes tributaires de l'Angleterre. Le pays en entier y gagnerait : les distilleries jouiraient de leur liberté d'action, l'habitant des villes aurait une source de chaleur appropriée aux besoins de propreté et de comfort des logements modernes, l'industriel se procurerait la houille à meilleur marché par suite de l'emploi de l'alcool dans les ménages, la culture de la betterave et autres matières alcooliques trouverait une plus large rémunération de son travail, la production animale augmenterait considérablement et le prix de la viande diminuerait, enfin l'étranger nous vendrait moins de houille.

En 1868 la France a acheté à l'étranger pour 132 millions de francs de houille et 158 millions de bestiaux. Cette même année la houille extraite du monde entier s'élevait à 205 millions de tonnes, sur lesquels l'Angleterre employait 105 millions, la Belgique 12 millions et la France 13 millions. D'après M. E. Bouchotte, membre de l'Académie de Metz, en cultivant en betteraves le cinquième des terres arables, et en distillant ces betteraves, on produirait assez d'alcool pour remplacer toute la houille consommée en France.

L'Etat ne pouvant pas subsistuer sans impôt, il est de toute justice que les charges communes soient supportées par tous les produits proportionnellement, de quelque nature qu'ils soient et d'où qu'ils viennent, sans aucune distinction d'origine et de destination, et de même que le fisc ne se préoccupe pas si un produit est de telle ou telle contrée plus ou moins bien dotée de la nature, que pour lui un bœuf est un bœuf, et un hectolitre de vin cent litres, de même tout produit étranger, en entrant en France, devra payer le droit au marché !

Sur quelle base établir ce droit ? Les impôts de toutes sortes supportés par l'Agriculture s'élèvent à un milliard et demi, et comme les revenus bruts agricoles sont estimés 14 milliards, — malgré l'exagération de ce chiffre, car, pour l'admettre vrai, il

faudrait que les 40 millions d'hectares de terres cul-
tivés rapportassent chacun en moyenne, tous les ans,
350 fr. de revenus bruts, ce qui n'est pas assurément,
mais ne voulant pas contester les documents économiques les plus exagérés, j'accepte cette estimation
de 14 milliards de revenus bruts, — il s'ensuit que
les produits français payent en moyenne le huitième
de leur valeur. Que les produits étrangers payent au
Trésor le droit du huitième, et alors seulement la
liberté et l'égalité seront des réalités et non, comme
aujourd'hui, des mots sonores couvrant les monopoles de certains privilégiés de l'Industrie et du
Commerce.

Les blés, qui forment la base de la richesse publique, payent le sixième ou 16 p. 100 d'impôts, au
minimum.

Mais disent les libres-échangistes, que fait à l'A-
griculture cette charge imposée au produit étranger?
Cet impôt, au demeurant, retombera sur le consommateur? Raisonnement spécieux que celui qui consiste à dire : assez d'impôt comme cela, gardons-nous
d'en créer de nouveaux, restons comme nous sommes
tout en cherchant le moyen de les diminuer. Certes

il y a assez d'impôts, mais la question n'est pas là:
elle réside tout simplement dans le mode défectueux
et injuste, inique même, de la répartition des
charges, et la raison d'accord avec l'équité veulent
que désormais chacun paye une part proportionnelle
des charges publiques. Il n'est pas difficile, et il est
juste, de mettre et de percevoir un droit sur toutes
les marchandises importées ; d'ailleurs, présentement, la chose se fait pour certains produits. Pourquoi faire payer aux sucres des Français d'outre-mer
32 millions et aux sucres étrangers 16 millions de
francs de droits ? Parce que ce serait simplement odieux
d'exiger du sucre du pays un excédant d'impôt de
45 fr. par quintal, et encore avec des douaniers
en garnisaires chez les fabricants, puis de laisser le
sucre étranger entrer librement en vertu de la liberté
commerciale. Pourquoi laisser d'autres produits
entrer en France quittes de tous droits? Car, pour
ne pas payer des impôts tyranniques comme ceux
soumis à l'exercice (un joli mot couvrant une vilaine
chose), est-ce que le fisc respecte la virginité d'un
seul produit national, directement ou indirectement?
Le vin, lui, paye 16 impôts différents en certaines
occasions.

Le budget de 1870 porte le revenu des douanes à 144 millions; en déduisant 32 millions de droits payés par les sucres des colonies françaises, deux millions par la navigation et enfin 22 millions venant du sel de nos salines maritimes, il reste 88 millions dans lesquels figurent 16 millions payés par les sucres étrangers et 29 millions par les cafés et le cacao, matières venant en partie de nos colonies; au résumé 44 millions d'impôts pour quatre milliards de produits étrangers, déduction faite de la valeur des sucres coloniaux et étrangers (116 millions), du café et du cacao (144 millions), c'est-à-dire qu'un milliard de marchandises étrangères paye *onze millions* de droits. Comme une insulte à la liberté, cette administration des douanes, de par la loi si libérale envers l'étranger, devient exigeante, tyrannique, tracassière à l'égard des produits du pays; elle est sans pitié vis-à-vis des populations maritimes adonnées à la culture du sel, les réduisant impitoyablement à la misère; aussi se voit-elle dans l'obligation de les traquer le fusil chargé pour se défendre contre leur désespoir.

Le fisc douanier qui vient de demander à l'étranger, le sourire sur les lèvres, 11 millions de droits pour un milliard de marchandises, exige impérieusement 22 *millions* d'impôts, pour *deux millions* de marchandises françaises, c'est-à-dire que le produit étranger, au nom de la liberté, paye un droit au marché de *un p.* 100 et le produit français de *deux mille p.* 100. Liberté libre-échangiste, voilà ta justice et les œuvres de ta logique !

Les laines étrangères inondent le marché, ruinent notre agriculture dans plusieurs provinces, et, sous prétexte qu'un droit n'arrêterait pas leur introduction, vu qu'elles s'obtiennent à vil prix en Australie et à la Plata, on les exempte de toute obligation, comme si la logique et le bon sens pratique n'indiquaient pas que le Trésor devrait trouver là une ressource pour alléger les charges sous lesquelles succombe notre agriculture. Ces laines s'obtiennent à un prix insignifiant ? raison de plus pour leur demander quelque chose, dit le gros bon sens agricole. Non, de par le libre-échange ! Que ceux qui ont l'habitude de payer payent : liberté pour les autres.

Protection ! Liberté ! Deux gros mots dont il faut

ici faire justice, car il y a là un malentendu déplorable dont profitent seuls les habiles du libre-échange pour exploiter le pays tout entier au moyen de monopoles monstrueux.

Pour tout homme (*vir*) digne de ce nom, la Protection consiste dans la sécurité du travail national et la Liberté est le droit d'action, les lois de l'équité planant au-dessus de la Société. C'est entendu ainsi que les *tarifs douaniers* assurent la sécurité du travailleur national tout en respectant la liberté de chacun. La vérité est comme le soleil : elle dissipe les ténèbres morales et intellectuelles.

Moi, protectionniste cultivateur de blé, dont les produits participent aux charges générales, je dis à mon voisin le libre-échangiste, faisant par goût le commerce du blé : Nous sommes des hommes libres, et en conséquence personne n'a rien à voir dans ce que nous faisons, les obligations sociales satisfaites : payons à la société une part proportionnelle à la sécurité dont nous avons besoin pour jouir de notre liberté, et comme la justice pratique veut que ce soient les produits qui soient atteints, sans cela l'on tomberait dans l'arbitraire le plus monstrueux, produisons comme nous l'entendons, moi par le travail du sol national, vous par le travail international, cela ne regarde que nous deux, mais l'équité exige que nos produits donnent un redevance sociale égale. Or, pour un hectare de terre je paye en moyenne 30 fr. d'impôts annuellement — le rendement moyen de la France étant de 15 hectolitrés à l'hectare et le blé revenant tous les deux ans dans le même champ, il s'ensuit qu'un hectolitre de blé paye à la société 4 fr. d'impôts, mais l'année de jachère me donne environ 25 p. 100 de diminution dans mes frais, soit 3 fr. payés par mon hectolitre de blé pour constituer la sécurité du marché national, — donc payez aussi cette somme par chaque hectolitre de blé qu'il vous plaît de faire entrer en France : nous sommes quittes, et faisons nos affaires comme nous le pourrons.

De trois choses l'une : 1° le travail national du blé suffira largement et très-économiquement à la nourriture du pays, et alors tant mieux sous tous les rapports ; 2° le travail national suffira à ses obligations dans les conditions universelles, et alors il se trouvera au niveau général ; 3° le travail national sera insuffisant ou il livrera le blé à un prix trop élevé. Dans ce dernier cas, les blés étrangers entreront en abondance ; mais comme ils auront payé à la société l'impôt supporté par le blé du pays, au nom de la liberté et de l'égalité (deux choses qui sont l'équité), nul n'aura le droit de protester.

De la sorte, tous les intérêts seront sauvegardés et la justice ne sera pas violée par une prétendue liberté : là où est l'injustice la liberté est absente.

Supposons que le commerce trouve des blés en Amérique à 4 fr. l'hectolitre, que les frais de transport soient de 4 fr. et les droits d'entrée de 3 fr., l'hectolitre reviendra au libre-échangiste à 11 fr. ; le vendant 14 fr., il fera une excellente affaire, tout en donnant le pain à bon marché : tant mieux pour le commerce et le consommateur, et moi producteur je n'aurai rien à dire, car l'équité et la liberté, ont reçu satisfaction.

Que le libre-échangiste puisse livrer le blé à 8 fr. l'hectolitre ; eh bien ! qu'arivera-t-il ? Il fait entrer en France, par exemple, 50,000,000 d'hectolitres de blé qui payent 150,000,000 fr. de droits de douanes;

ces droits permettront de diminuer les charges publiques d'autant et de fonder des hôpitaux pour les ouvriers ruraux. Rien de mieux.

Il en est de même pour les laines. Qu'elles payent une taxe équivalente aux charges fiscales qui incombent à l'hectare de terre qui nourrit le mouton, 66 p. 100, et les propriétaires de moutons n'auront pas droit de se plaindre : ils pourront faire de mauvaises affaires, c'est vrai, mais au moins ils n'auront pas raison d'accuser la société, puisqu'ils seront dans la loi commune. D'ailleurs, plus il entrera de laines, plus les revenus des douanes monteront et plus le dégrèvement du sol sera considérable. Encore une excellente chose.

VI

Le transit, avons-nous dit, enrichissait la Belgique et devenait une cause de ruine (dans l'état actuel des choses) pour l'Agriculture française; en effet, la Belgique, sillonnée de canaux et de voies ferrées, avec 5 millions d'habitants et un territoire dix-sept fois plus petit que le nôtre, transporte 800 millions de marchandises pour le compte de l'étranger, ce qui lui permet, vu le bénéfice considérable qu'un pareil mouvement commercial lui procure, d'accorder à ses nationaux de très-grands avantages, au point que certaines matières destinées à l'agriculture, notamment la chaux, sont transportées gratuitement.

En France, au contraire, le manque de canaux et leur mauvais entretien, le monopole des grandes

compagnies de chemin de fer, l'absence de toute concurrence, l'insuffisance du matériel et des voies,
toutes ces causes réunies font que le piètre milliard
(tout est relatif) de marchandises étrangères, solli-
citées par toutes sortes de faveurs, encombre notre
chétif matériel. De là hausse de prix pour nos produits agricoles sur des chemins construits en majeure
partie au moyen de subventions tirées de l'impôt,
lequel vient pour sa bonne part du sol.

Les fers anglais traversent la France à raison
de 0 fr. 02 c. par tonne et par kilomètre, et les
engrais de l'agriculture payent par tarifs spé-
ciaux 0 fr. 05 c., et par tarifs ordinaires de 0 fr. 10
à 0 fr. 14.

Ainsi, toutes les faveurs pour l'étranger, toutes
les charges pour l'Agriculture, car les seules faveurs
intérieures sont pour le Commerce.

Cet état de choses ne peut exister désormais, et
c'est là le grand service rendu à l'Agriculture par le
libre-échange d'avoir réveillé l'esprit public et surtout l'esprit agricole qui, tous deux, étaient dans
l'ignorance la plus complète des questions écono-

miques. Un regard jeté sur la société a montré à l'Agriculture toute sa puissance et sa situation déplorable. Elle a compris que les nations comme les hommes n'ont de valeur que par leur énergique volonté et leur persévérance. En 1848, 1849, 1850 et 1851, alors que le pays était aux luttes ardentes qui remuaient la société, que l'étranger avait abandonné notre marché, on ne porte des marchandises que là où on espère des bénéfices et où il y a sécurité (le libre-échange a-t-il été au secours des Arabes affamés?), que chacun ne comptait que sur soi par suite de l'exercice viril de la vie publique, que la rémunération du travail était certaine, poussée par l'intérêt, le plus grand et le seul mobile qui ne sommeille jamais, l'Agriculture a fait des progrès immenses : non-seulement elle a donné satisfaction à tous les intérêts du pays, mais ses exportations ont été considérables, et de ce moment sa richesse s'est développée de plus en plus, surtout à partir de 1855, lorsque l'exploitation des grandes lignes de chemin de fer a eu lieu.

La peur, cette protection d'un nouveau genre, sur laquelle nul n'avait compté, ayant éloigné les marchandises étrangères, l'Agriculture, stimulée par ses intérêts et voyant un débouché fructueux, a considérablement augmenté sa production, et c'est grâce à cette puissante vitalité, développée par des circonstances imprévues, qu'elle a pu supporter, depuis 1861, les injustices sous le poids desquelles elle succomberait à la longue, si, ayant pour elle le Droit et la Raison, elle n'était pas convaincue que ses justes réclamations seront écoutées et que satisfaction lui sera donnée.

Le libre-échange doit régner un jour dans le monde entier, du moins il faut l'espérer, mais jusqu'à ce que l'humanité ait à se féliciter de la suppression des armées et des vaisseaux de guerre, d'ici que la France ait l'assurance qu'aucun obstacle maritime n'empêchera les peuples d'échanger leurs produits, d'ici là la sagesse et le patriotisme veulent que le pays ne livre pas son marché à l'étranger par engouement de brillantes théories et affolé de ce mot magique — liberté, — et surtout que les agriculteurs ne fassent tous les frais de l'expérience. Une grande nation, telle que la France, habituée à jeter son épée dans la balance où se pèsent les destinées du monde, ne peut sagement se mettre à la discrétion des événements dont elle n'est pas maîtresse.

La richesse et la prospérité de la France résident premièrement dans l'Agriculture, secondement dans l'Industrie et troisièmement dans le Commerce, la première étant le point d'appui, la seconde le levier et le dernier la force mettant en action la puissance de leur union. L'Agriculture sacrifiée, le Commerce et l'Industrie n'ont plus eu de frein, condition du progrès et de l'action ; ils ont importé, de 1861 à 1868, pour 1,348 millions de céréales, 2,410 millions de soie, 1,743 millions de laine, 1,071 millions de peaux et suif, toutes matières venant amoindrir la puissance de quatre des cinq grandes branches agricoles : le blé, la soie, la laine et l'élève du bétail. De là, rupture de l'équilibre des forces vives du pays : la culture ainsi que les industries nationales sont dans la gêne et le malaise, et les centres commerciaux en pleine activité et prospérité attirent à eux les habitants des campagnes. Que ceux-là qui parlent de rendre les bras à l'Agriculture, de crédit agricole,...... disent comment ils arriveront au but sans modifier le nouvel instrument économique, unique cause de ce désastre d'une bataille pacifique où, pour la première fois, dans la France agricole, il y a des vaincus, là où il n'y avait toujours eu que des vainqueurs. Croient-ils que si le Commerce avait eu la possibilité d'inonder la France de vin, alors que l'oïdium ravageait nos vignobles, de 1852 à 1857, s'imaginent-ils que la viticulture se fût jamais relevée de ses ruines? Les prix élevés de ses rares produits ont donné aux vignerons courage et confiance, deux vertus qui mènent à la victoire, et grâce à cette protection toute fortuite, ils sont arrivés à produire en 1858 ce qu'ils récoltaient en 1847, — 54 millions d'hectolitres, puis de nos jours 70 millions : augmentation due principalement à une meilleure culture, car de 1847 à 1867, il n'a été planté que 221,000 hectares de vigne.

Assurément, si la spéculation avait eu la possibilité d'importer des vins à l'époque de l'oïdium, nos vignobles seraient déserts à l'heure présente et nos vignerons eussent été grossir la phalange industrielle des déserteurs du mûrier, des céréales, de la culture en général.

Dans la Bourgogne, si fière de ses vins aristocratiques, où les grands crûs font la richesse de leurs heureux propriétaires, les terres arables ont baissé de plus 40 p. 100, les terres à moutons spécialement subissent une diminution de plus de 100 p. 100, et à cela, rien d'étonnant : dans la Côte-d'Or notamment, la partie la plus fortunée de cette province, il existe un demi-million de moutons dont les divers produits, aujourd'hui avilis, valaient plus du tiers de la récolte du vin. Faut-il sacrifier une grande partie du pays pour ouvrir le marché extérieur à une seule branche de la fortune du pays ? Est-ce que la Côte-d'Or, parce que Bourgogne, produisant de grands vins d'une valeur totale de 27 millions, doit être plus écoutée que la Loire-Inférieure, parce que Bretagne, produisant de modestes petits vins d'une valeur de 45 millions ? Est-ce que 45 millions bretons ne valent pas 27 millions bourguignons ? Mon patriotisme est plus satisfait de fournir à dix Français un bon petit vin, les réconfortant, que de régaler un puissant seigneur anglais avec un litre de grand vin.

De même, est-ce que les partisans de ce monopole monstrueux appelé *libre-échange*, nous avons vu le produit étranger payer *un* et le produit national (le sel) payer *deux mille* p. 100 au fisc, quoique la très-petite minorité, parce que riches, puissants et voulant que tous les obstacles disparaissent devant eux, ont le droit d'imposer leur système aux protectionnistes, quoique la grande majorité, mais parce que modestes, travailleurs, ils se contentent du marché intérieur en faisant la grandeur et la richesse de leur pays?

A chacun une place au foyer commun de la liberté. A tous la reconnaissance de leur indépendance limitée par les besoins et les intérêts de la patrie. A tous et à chacun liberté et sécurité.

VII

En principe, toute marchandise étrangère entrant
en France doit acquitter, sous forme de droit de
douane, l'équivalent des impôts qui ont frappé
directement ou indirectement la marchandise similaire ou toute marchandise indigène avant d'arriver
à la consommation. Entendue ainsi, la protection,
c'est-à-dire le développement de la puissance nationale, et non pas le monopole ou la licence, qui,
tous deux, sont la négation de la vitalité des peuples
comme des individus, fait la grandeur et la richesse
des nations, lorsqu'elle tient compte des intérêts
de tous. Une locomotive est sans valeur, devient une
cause de mort, si elle ne possède pas un frein; de

même un pays, qui n'a pas des tarifs pour défendre son sol, est fatalement à la discrétion de tous les événements et du hasard.

En attendant le jour heureux du triomphe de la raison et de l'équité, et de la mise en pratique réelle du libre-échange, l'Agriculture demande que les marchandises étrangères payent un droit équivalent à celui payé en moyenne par la marchandise indigène, soit *le huitième*.

Ce droit, basé sur le principe de la justice, donnerait à l'État une augmentation de revenu de 456 millions (en faisant la déduction du sucre, du café, du cacao, du sel, nous avons dit, que 4 milliards de marchandises étrangères rapportaient 44 millions de droits : ils devraient payer 500 millions). Cette ressource permettra de réaliser la grande réforme que la France réclame : la liberté provinciale.

La décentralisation est sans valeur si les communes n'ont pas des ressources leur permettant d'user de la liberté. En conséquence, l'Agriculture demande que l'Etat abandonne aux communes :

1° L'impôt foncier. . . . .   172,000,000 fr.
2° L'impôt personnel et mobilier. . . .   54,000,000
3° L'impôt des portes et fenêtres. . . .   39,000,000

                                        265,000,000   265,000,000 fr.

Elle réclame :

4° La suppression des octrois, ce qui
    ferait à l'État une perte de.   71,000,000 fr.
5° — des droits de circulation,
    d'expédition, sur les vins,
    cidres, alcools.   19,000,000
6° — de l'impôt du sel.   32,000,000
7° — du droit de fabrication de la
    bière.   16,000,000
8° — des hypothèques.   4,000,000

                                        142,000,000   142,080,000 fr.

                                                      407,000,000

D'une part l'État bénéficierait de. . .   456,000,000
Et d'autre part perdrait.   407,000,000

                Différence en plus. .   49,000,000

L'État prendrait à sa charge tous les employés de l'octroi d'ici qu'ils soient placés dans d'autres fonctions d'une valeur au moins égale, car il serait souverainement injuste de mettre dans la gêne, peut-être dans la misère, des familles dont les chefs ont embrassé des carrières donnant toutes garanties pour leur avenir, et qui, pour avoir consacré

une partie de leur vie à la chose publique, défec-
tueuse il est vrai en cette occasion, ont cependant
des droits acquis très-honorablement. D'ailleurs les
octrois n'ont pu être établis qu'en vertu d'une loi
votée par les Chambres composées des représentants
de tout le pays : c'est donc au pays, à qui incombe
la faute, de payer les employés supprimés. Les
49 millions d'excédant rempliraient ce but dans le
présent et plus tard ils viendraient en déduction des
droits de mutation du sol.

Si à quelque chose malheur est bon, la France
devra des actions de grâce aux ruines du libre-
échange, car l'excès du mal, en réveillant l'esprit
agricole, aura donné naissance à la liberté provinciale.

Les communes dotées de revenus feraient leurs
chemins ruraux, elles donneraient l'instruction
appropriée aux besoins des populations, et réali-
seraient toutes les améliorations que l'Agriculture
réclame : la réfection du cadastre et la péréquation
de l'impôt foncier, entre autres, auraient lieu sans
difficultés, pour ainsi dire en famille.

Le pays, débarrassé des entraves qui arrêtent son essor et le démoralisent, — les impôts sur le sel, le vin, l'alcool, poussent à la fraude, sont une prime à la falsification et à l'empoisonnement, — verrait l'avenir sans inquiétude. La bonne gestion de tous les intérêts permettrait à l'État de diminuer les charges publiques et d'arriver progressivement à l'abaissement des tarifs douaniers.

———

VIII

A ceux qui nient les souffrances de l'Agriculture,
les viticulteurs et les herbagers exceptés, laissant là
les théories brillantes et les apparences trompeuses,
la réalité est que :

1° Les impôts ont augmenté de 30 p. 100 depuis vingt ans. L'impôt foncier, le seul qui n'ait
pas atteint ce chiffre, s'est élévé de plus de 10
p. 100 : en effet, de 281 millions en 1849, il est aujourd'hui à 313 millions de francs ;

2° Les salaires ont augmenté de 50 p. 100 ;

3° Les engrais et autres matières indispensables à
la cultutre ont augmenté de 25 p. 100 ;

4° Le prix du blé est stationnaire, alors que la

valeur de l'argent a baissé de 20 p. 100, d'où une différence en moins de 20 p. 100 pour cette céréale ;

5° Les peaux et les suifs ont baissé de 40 p. 100;

6° Les laines ont perdu 50 p. 100 de leur valeur ;

7° Les moutons ont diminué de 400,000 têtes par an sur le marché de Paris, et très-certainement d'une pareille quantité, au moins, en France ;

8° La sériciculture subit un désastre ;

9° Les plantations d'oliviers disparaissent de la Provence ; et les graines oléagineuses ont perdu beaucoup de leur valeur ;

10° Les forêts, par suite de la ruine des forges nationales, ont considérablement diminué de valeur ;

11° La viande sur *pied* a augmenté de 0 fr. 20 par kilogramme pour les bœufs, vaches, veaux et moutons ;

12° La viande de porc a augmenté de 40 c. par kilogramme.

13° Le beurre a haussé de 1 fr. par kilogramme;

14° Les poulaillers ont doublé de valeur;

15° Les grands vins ont vu leur prix augmenter sensiblement et les petits vins ont gagné 80 p. 100.

Ces faits avoués par tous, en prenant pour application les résultats généraux de l'enquête de 1862 publiés par le ministère de l'agriculture, du commerce et des travaux publics, on arrive aux résultats suivants :

1° Augmentation de l'impôt foncier, 32,000,000 fr.

2° Augmentation de la main-d'œuvre pour 4,099,521 valets et servantes, à raison de cent francs par personne, soit 410,000,000 fr.;

3° Augmentation du prix des engrais et des autres matières, en moyenne, à raison de 10 fr. par hectare, soit 400,000,000 fr. ;

4° Pour 56,000,000 d'hectolitres de blé vendu, sans changement de prix, la semence et la nourriture des cultivateurs prélevées, à 18 fr. l'hectolitre (20 p. 100 dans la différence de la valeur de l'argent), soit une moins-value de 205,000,000 fr. : toutes les autres céréales restent à la culture;

5° La consommation annuelle étant de 562,000,000 kil. de viande de bœufs, vaches, veaux et moutons, pour les peaux et le suif, à raison de 40 p. 100 de baisse, soit une perte de 40,000,000 fr. au moins ;

6° Pour 27,000,000 de moutons, dont les deux tiers adultes, à raison de 4 fr. par tête, soit une perte de 72,000,000 fr. ;

7° La diminution de 400,000 moutons par an, à 30 fr. l'un, soit une perte de 12,000,000 fr. ;

8° La viande sur pied a augmenté de 0 fr. 20 par kilogramme ; pour 450,000,000 kil. de viande de bœufs, vaches et veaux, deux tiers vendus avec bénéfice et un tiers consommé par la culture elle-même, soit une augmentation de 60,000,000 de fr., et, pour 112,000,000 de kil. de moutons, les trois quarts vendus, 17,000,000 de fr. ;

9° La viande de porc a augmenté de 40 cent. le kilogramme ; pour 378,000,000 k., dont la moitié vendue, soit une plus-value de 75,500,000 fr.;

10° Le beurre de 6,000,000 de vaches, à raison de 52 kil. par vache, soit 312,000,000 kil. ; la moitié pour la vente, à 1 fr. le kil. comme plus-value, soit 156,000,000 fr. ;

11° Les produits du poulailler étant de 52,000,000 fr. bruts et de 26,000,000 fr. nets, à raison de 100 p. 100 d'augmentation, soit une plus-value de 26,000,000 fr. ;

12° Les produits de la vigne en 1862 étaient de 1,400,000,000 fr., ce qui donne un revenu net de 700,000,000 fr. ; pour une augmentation de 80 p. 100, soit une plus-value de 560,000,000 fr. ;

13° La sériciculture, les oliveraies, les graines oléagineuses, pour mémoire.

AU RÉSUMÉ :

Charges et pertes.		Plus-value.	
1° Augmentation de l'impôt foncier. . . .	32,000,000 fr.	1° Sur les bœufs, vaches et veaux.	60,000,000 fr.
2° Augmentation des autres impôts. . .	250,000,000	2° Sur les moutons.. . . .	17,000,000
3° Augmentation des engrais et autres matières.. . .	400,000,000	3° Sur les cochons. . .	75,000,000
4° Moins - value sur le blé..	205,000,000	4° Sur les beurres	156,000,000
5° Perte sur les peaux et suifs.: . .	40,000,000	5° Sur le poulailler.	26,000,000
6° Perte sur la laine. . . .	72,000,000	6° Vin..	560,000,000
7° Perte pour la diminution des moutons.. . .	12,000,000		894,000,000
8° Augmentation de la main-d'œuvre.. .	410,000,000		
9° Diminution de la valeur des forêts..	Mémoire.		
10° Diminution de la valeur des graines oléagineu - ses.. . . .	Mémoire.		
	4,424,000,000		

Pour huit ans, la plus-value es de 7,152,000,000 fr.

Pour huit ans, la moins-value est de 11,368,000,000 fr.

Moins-value générale pour la Culture, 4,216,000,000 fr.

IX

Combien un hectare paye-t-il d'impôts?

Comme moyenne, prenons un hectare affermé soixante francs. Au denier 33, cet hectare vaut 2,000 fr.; mais l'acheteur a en outre à payer les frais s'élevant à deux cents francs pour droits d'enregistrement, de timbre et honoraires. D'après l'administration, tous les vingt ans, au plus, la terre change de mains, d'où l'amortissement doit être calculé pour ce laps de temps. Ainsi :

```
1°  Amortissement des droits de mutation..............  15 fr. 00
2°  Impôt foncier, personnel, mobilier, portes et fenêtres. .   7    50
3°  Impôts départementaux, communaux, prestations, droits
       de chasse..........................................   7    50
4°  Bail, enregistrement, timbre, hypothèque, greffe. . . .   2    50
5°  Droit de succession en ligne directe..............   1    60
6°  1° Droits d'entregistrement sur les donations entre-vifs
       par contrat de mariage; 2° droits pour donation entre-
       vifs; 3° frais de décès et d'inventaire s'il y a des mi-
       neurs; 4° frais de partage soit judiciairement ou amia-
       blement; 5° frais de licitation; 6° droit de 5 fr. 50
       p. 100 d'enregistrement si un cohéritier cède ses
       droits afin d'empêcher la ruine d'une exploitation;
       7° droits de donation de 2 fr. 50 p. 100 aux en-
       fants en les mariant; 8° droits de donation de
       4 p. 100 lorsque la donation est hors du contrat de
       mariage; 9° droits d'enregistrement pour tous les
       actes relatifs à la propriété..................... Mémoire.
                                                          ___________
                                                          34 fr. 10
```

Ainsi, un hectare de terre valant soixante francs de fermage paye à l'État directement par an 34 fr. 10 c. : indirectement pour droits d'octrois, amendes judiciaires, etc., environ 6 fr. : au total 67 p. 100 de son revenu brut. Avec les 33 p. 100 qui lui restent, le propriétaire doit faire face à l'entretien des bâtiments et des chemins, payer les assurances et certaines charges inhérentes à sa situation de propriétaire du sol, avant de songer à sa famille. Quoi d'étonnant d'entendre des plaintes sur toute la surface du pays ? En peut-il être autrement dans les pays à laine, à soie, à salines, à oliviers et à blé ? Leurs voisins s'enrichissent, toutes choses augmentent de prix et eux assistent à leur ruine ou à la diminution de leur fortune par la stagnation des prix de leurs produits !

X

Le territoire de la France est de 52,000,000
d'hectares, mais, en défalquant les montagnes,
landes, sables, canaux, rivières et chemins, il reste
40,000,000 d'hectares pour la culture, lesquels, à
raison de 34 fr. 10 d'impôts, en moyenne devraient payer à l'État un milliard 364 millions
(1,364,000,000 fr.) de francs : interrogeons le
budget de 1870.

1°	Impôt foncier	313,000,000 fr.
2°	— personnel et mobilier, le 1/3	30,000,000
3°	— des portes et fenêtres, le 1/4	14,000,000
4°	— des patentes, le 1/5	21,000,000
5°	Enregistrement, timbre, greffe, les 3/4	336,000,000
6°	Le sel (salines des côtes maritimes)	22,000,000
7°	Boissons	240,000,000
8°	Sucre	61,000,000
9°	Dépenses communales, prestations, permis de chasse, bacs, ponts à péage, octrois, etc.	350,000,000
10°	Tabac. Mémoire.	
11°	Mûriers, oliviers, orangers, etc. Mémoire.	

1,387,000,000

Il est donc bien vrai que l'Agriculture paye plus de 66 p. 100 des charges publiques! L'Angleterre, que l'on nous cite à tout propos, à tort et à travers, demande à son Agriculture 5 p. 100 de ses charges publiques et 95 p. 100 à ses douanes et à l'Industrie.

Avant de terminer cette rapide esquisse de notre situation agricole, un mot d'explication concernant les énormes bénéfices que font les cultivateurs sur les œufs et le beurre, disent MM. les libres-échangistes pour prouver les bienfaits prétendus de leur système don-quichottiste.

Les états des douanes constatent qu'en 1862, l'Agriculture a exporté 70 millions de francs de fromage et de beurre, et 34 millions de francs d'œufs; au total, 104 millions de francs. La France possédant 6,500,000 vaches, admettons généreusement que 6,000,000 d'entre elles aient donné 52 kil. de beurre l'une, soit 312 millions de kilogrammes : affectons aux 25,000,000 de cultivateurs seulement 6 kil. de beurre par an et par tête, il restera pour excédant 162 millions de kilogrammes, lesquels, à raison de la plus-value de 1 fr. par kil., donneront une somme de 162 millions de francs. Cette somme sera le prix des privations de la famille agricole ; car, en supposant la famille de 4 membres, ce n'est pas avec 24 kil. de beurre qu'elle fera de la soupe bien grasse pendant un an.

Il en est de même pour les œufs des 20 millions de poules pondeuses de la France. Les prix élevés tentent les petits cultivateurs ; ils aiment mieux se priver du nécessaire et vendre les œufs pour avoir de quoi faire face aux lourdes charges qui les écrasent, puis ils ne peuvent résister à l'occasion qui se présente à eux de posséder de l'or, toujours objet des désirs de l'homme, avec lequel ils pourront devenir propriétaires d'un lopin de terre.

Les habitants des villes et les ouvriers, habitués à gagner de gros salaires et ne connaissant pas la sobriété, viennent arracher de nos mains le beurre et l'œuf de notre maigre repas, et alors, tout naturellement, les prix s'élèvent : telle est l'explication brutale du renchérissement du beurre, des œufs et de la viande. En effet, en gardant pour lui *un kilogramme de beurre par mois et un œuf par semaine,* tous les produits en beurre et œufs seraient consommés ; si le petit cultivateur vend le beurre et les œufs, qui lui sont nécessaires (une vache pour quatre et une poule pour une personne ne procurent pas des excédants), c'est que son ardeur pour l'argent et son rêve chéri (devenir propriétaire) trouvent un aliment tout préparé dans les appétits impérieux et les besoins conventionnels de l'ouvrier des villes notamment, car l'ouvrier de la campagne est plus modéré dans ses exigences.

Le Droit et la Raison étant pour l'Agriculture, les cultivateurs attendent avec confiance la décision du Corps législatif.

Briord, le 1er mai 1870.

TRAITÉ DE COMMERCE

ENTRE LA FRANCE ET LA GRANDE-BRETAGNE

23 janvier 1860.

..... L'Angleterre nous concède (sans nul doute généreusement) : 1° l'abolition des droits sur les articles ne produisant qu'un revenu insignifiant couvrant à peine les dépenses de perception (rapport de MM. Rouher et Baroche à l'Empereur, page 29);

2° L'abolition des droits différentiels dont n'avait plus besoin la marine britannique (même rapport même page).

3° La levée des prohibitions intéresse la moralité publique. Supprimer les prohibitions, c'est remplacer une importation frauduleuse et stérile par une importation loyale et productive. Il y a là profit pour tout le monde : pour l'Etat qui recueille le produit des droits ; pour le commerce, qui n'est plus tenté d'employer les voies illicites ; pour la morale publique, qui souffre toujours de cette provocation continuelle que des lois trop rigoureuses adressent à la fraude (même rapport, pages 52 et 53).

4° Le traité se traduira pour l'ouvrier en diminution de prix de tous les objets qu'il consomme et que son travail doit procurer à sa famille (même rapport, page 78).

En lisant le traité du 23 janvier 1860, l'enfant chéri du Libre-Echange en France, on est frappé de la sollicitude de S. M. Britannique pour *protéger* les intérêts anglais.

Art. 5. — ..... Sauf toutefois les mesures de précaution que pourrait exiger la *protection* du revenu public (en Angleterre).

Art. 7. — Toutefois, les droits à l'importation pourront être *augmentés* des sommes qui représentent les frais occasionnés aux producteurs britanniques par le système de l'accise.

Art. 8. — S. M. Britannique frappera *d'une surtaxe* de deux pences par gallon les esprits et les eaux-de-vie de France.

Cette surtaxe n'ayant pas été trouvée suffisante

pour protéger les boissons alcooliques de l'Angleterre, par une convention spécial du 25 février de la même année, elle a été portée à 5 pence.

Notre marine marchande était protégée par une surtaxe imposée au pavillon étranger, le gouvernement français supprima la surtaxe dès 1866 pour le commerce du guano. Par navire français, le fret d'une tonne était de 110 fr. et le guano valait 310 fr. La surtaxe abolie, le fret est tombé à 80 fr., la marine anglaise et la marine allemande ont évincé la nôtre, et aujourd'hui le guano vaut 340 fr. la tonne.

Notre matériel naval pourrit dans les ports, et l'Agriculture paye le guano 10 p. 100 plus cher.

LES DROITS EXCESSIFS POUSSENT A LA DÉMORALISATION

(*Rapport de M. Rouher.*)

Le paludier, à Noirmoutier, par exemple, où le muid (3,000 k.) vaut 15 fr. pris dans la saline, reçoit une demande de fourniture de 60,000 k. de sel pour l'Administration des tabacs, à Nantes; vite notre homme frète un bateau, transporte son sel à bord et part.

— Halte-là ! ami, lui dit l'Administration des Douanes, il faut acquitter l'impôt !

— Mais, je vais à Nantes livrer mon sel à l'Administration des Tabacs; je n'ai pas le sou, les Tabacs retiendront la part des douanes.

— Pas du tout. Payez et faites vos affaires avec les Tabacs comme vous le pourrez.

Que faire? Notre paludier va chez le notaire qui avance les droits exigés impérieusement par les Douanes, promettant de le rembourser à son retour. Le notaire prète les 5,700 fr. d'impôts exigés d'une marchandise valant 300.

Le paludier arrive à la Manufacture des Tabacs et livre son sel, tel il est parti de chez lui et pour lequel il a payé 5,700 fr. de droits.

L'Administration des Tabacs sort de l'Ecole Polytechnique, elle est donc très-savante ; aussi elle analyse exactement le sel et elle trouve qu'il contient 16 ½ pour 100 d'eau et de matières chimiques dont elle n'a pas besoin. Elle dit au paludier : — Mon ami, votre sel n'est pas pur, il contient de l'eau, des impuretés, du magnésium, de la chaux... soit 16 $\frac{1}{2}$ p. 100 de réfaction, mais je vous accorde 5 $\frac{1}{2}$ p. 100 de tolérance ; pour les droits, voici 5,340 fr.

— Comment ! 5,340 fr.. mais j'ai payé au gouvernement 5,700 fr. ; vous devez vous tromper dans votre calcul.

Hélas ! non, c'est l'ami (quelle amitié), le pauvre diable qui s'était trompé : il ne connaissait pas l'Aministration. Le désespoir dans le cœur, le paludier retourne au pays. Il était parti pauvre, il revient misérable. Désormais il vendra son sel à vil prix sur le marais au commerce qui se tirera d'affaire comme il le pourra avec la Douane et le Tabac ; lui, il n'a plus qu'un rêve : abandonner un état qui lui donne tracas et misère.

BIENFAITS ACCORDÉS A L'OUVRIER.

Un ouvrier consomme par an 3 kil. de vêtements, moitié laine et moitié coton.

La convention du 30 novembre 1860 en accordant à l'Angleterre d'introduire en France les laines d'Australie et d'ailleurs, sans aucun droit, a eu pour but avéré de rendre la vie de l'ouvrier à meilleur marché. Voyons le résultat :

Pour 1 kil. 500 de laine lavée, à 5 fr. le kil., abolition du droit de 20 p. 100 soit un dégrèvement de. . . . . 1 fr. 50 c.

Pour 1 kil. 500 de coton, à raison de 22 fr. p. 100 kil., la réfaction comprise, soit un dégrèvement de. 0   537
                                                        ———————
                                                        1   875

Mais, par suite de l'extension considérable prise par l'Industrie travaillant des masses de laine venues de l'étranger, la main-d'œuvre a augmenté de 50 p. 100, malgré l'abandon de la culture par un très-grand nombre de bras, et alors comme de 3 1/2 le coefficient du travail manufaturé est monté à 5 1/4; le prétendu bienfait s'est changé en une augmentation de charge : les vêtements de cet ouvrier lui reviennent, balance faite, plus cher de 6 fr.; perte positive. 4,   125

D'après M. Husson, directeur de l'assistance publique, en 1789, un ménage d'ouvrier coûtait à Paris 192 fr. 84 c., et en 1859, 381 fr. 86 c.

Aujourd'hui ce même ménage coûte plus de 572 fr. 79 c.

Quant à l'ouvrier agricole, il paye tout beaucoup plus cher, et n'ayant pas de gros salaires, il se voit dans l'obligation d'aller dans les villes où il trouve tout au moins l'assistance publique.

La ruine de notre métallurgie et les souffrances de la sylviculture n'ont procuré des avantages qu'aux compagnies de chemin de fer et aux villes, parce qu'elles peuvent employer du mauvais fer.

Les grilles d'un square, les fers employés dans les constructions se vendent meilleur marché ; oui, c'est vrai, mais les taillandiers vendent leurs outils plus cher qu'avant le traité, par conséquent l'ouvrier rural est encore victime du libre-échange.

DE LA LAINE.

Nous avons vu qu'un hectare de terre du prix de 2,000 fr., et valant 60 fr. de rente, payait à l'Etat, sous diverses formes, 66 p. 100 du prix de fermage brut. Voyons maintenant ce qu'il produit de laine afin de savoir la part d'impôt supportée par un kilogramme.

Un hectare de cette valeur peut nourrir, pendant 365 jours, tout au plus, 5 moutons pesant, chacun, 40 kil., soit pour le lot 200 kil.

Au bout de l'année les produits (l'augmentation en viande et la laine) doivent servir à payer les impôts et les frais généraux.

Supposons que l'augmentation de chaque mouton soit de 10 kil. (c'est excessif); pour le lot, nous avons 50 kil. de viande brute, qui, à raison de 0 fr., 75 le kil. vivant, donneront une somme de 37 fr. 50.

Admettons pour chaque toison 4 kil. de laine en suint, soit au total 20 kil., qui, au prix de 1 fr. 30 comme en 1869, vaudront 26 fr.

Nous aurons donc pour le produit total de l'hectare un revenu brut de 57 fr. 50, d'où il faut déduire :

1° L'intérêt 5 p. 100 du capital roulant représentant les moutons, à 30 fr. le mouton; 450 fr. le lot   7,50
2° Amortissement pour les chances de mortalité, 5 p. 100. . .   7,50
3° Part dans les frais généraux, 10 fr. par hectare   10,00
4° Les impôts de toutes natures.   40,00
Total des charges 65,00

La laine et la viande ayant donné 57 fr. 50, il s'ensuit que le cultivateur exploitant lui-même son

bien, a perdu 7 fr. 50, sans avoir retiré un sou
d'intérêt de son capital foncier, et que le fermier a
perdu 27 fr. 50, car il a été obligé de parfaire de
20 fr son prix de fermage; le propriétaire a eu, lui,
1 p. 100 du capital foncier. — Belle opération pour
tous trois! — Afin de joindre les deux bouts, le fermier
devrait vendre la tonte 27 fr. 50 en plus, ou 1 fr. 375
le kil. de laine : en résumé, le kil. de laine devrait
valoir 2 fr. 675 en suint. Ainsi, un hectare de terre
du prix de 2,000 fr. ne peut produire de la laine à
moins de 2 fr. 675 le kil., impôt compris, tout en
ne laissant pas un centime de bénéfice au cultivateur. D'ici que les charges qui pèsent sur le sol
soient diminuées, il faut, de toute équité, que les
laines étrangères acquittent aux douanes un droit
similaire de 1 fr. 79 par kil. en suint.

LAINE ET VIN.

Année 1868.

La France a reçu de l'Australie.	11,102,531 k.
— — de la Plata.	12,075,449
— — d'ailleurs (exportation déduite). . .	8,400,000
Total de la laine blanche	31,577,980 k.
Elle a exporté des tissus représentant en laine blanche.	14,561,359 k.
Excédant des importations. . . .	17,016,621 k.

La production totale de la France en laine blanche est de 40,000,000 kil.

L'Australie nous a livré 11,102,531 k. de laine blanche
d'une valeur de. 71,965,786 fr.
La Plata nous a livré 12,075,449 k. de laine blanche
d'une valeur de. 82,891,996
____
154,857,782

L'Angleterre (censée l'Australie) nous a acheté en
tisssus, en déduisant les importations (5,174.986 k.
moins 3,364,479 k.). . . . . 1,810,507 k.
La Plata   »   . . . . 1,269,846 k.
____
3,079,853 k.

L'Angleterre a acheté. . . 262,024 hectolitres de vin
estimés. . . . 57,600,950 fr.
La Plata a acheté. . . . . 588,339 hectolitres de vin
estimés. . . . 39,622,736
____
850,363 hectolitres.   97,223,686 fr.

Du vin exporté, l'Australie en a pris 1,962 hectolitres en les frappant d'un droit de douane de 83 fr.
A la Plata, les droits sont de 30 p. 100.

Le commerce de Bordeaux, sur un excédant d'exportation totale pour la France de 2,308,975 hectolitres, a expédié à l'étranger 1,160,193 hectolitres, dont pour

L'Angleterre. . . . . 462,814 hectolitres.
La Plata . . . . 498,026 —
Total. . . . . . . 960,840 hectolitres.

soit pour ces deux pays 57 p. 100 de tout son commerce de vin, et comme il est soldé en laine, tout
naturellement il trouve l'état de choses excellent ;

il a raison. Les producteurs de laine trouvent, eux, leur situation détestable : ils n'ont pas tort.

Un hectare de terre de vigne rapporte de 3,000 à 300 fr. nets de frais d'exploitation ; un hectare de terre, comme nous l'avons vu, ne produit *rien* au prix de la laine présentement. Conclusion. — Je suis viticulteur, vive la vigne !

Pour terminer : l'Australie nous a expédié en 1868, directement, 17 kil. de graines d'une valeur de 20 fr. C'est la marine anglaise qui nous a importé ses laines. C'est peut-être un bonheur, car nos marins, n'ayant plus rien à faire, se mettront ouvriers et ils remplaceront les 80,000 ouvriers ruraux enlevés à la culture pour tisser les 23 millions de laine blanche de l'Australie et de la Plata.

DOUANE.

L'Etat a pour mission d'assurer la sécurité et la stabilité du travail national, le premier principe de la force du pays, de garantir à chacun la liberté du travail (national ou commercial), à la seule et unique condition que tous les produits, quels qu'ils soient, supportent les mêmes charges publiques.

La douane est l'expression pratique de l'égalité dans la liberté ; elle assure la liberté des travailleurs français contre les étrangers et les monopoles des capitalistes cosmopolites.

L'Angleterre est assurément un pays libre et surtout de bon sens ; elle demande à ses douanes 40 p. 100 de ses charges publiques, 55 p. 100 à son industrie et 5 p. 100 à son agriculture.

La France, pays égalitaire et trop spirituel, exige de l'agriculture 70 p. 100 des charges publiques, de l'industrie 25, et des douanes 5 p. 100.

Les Etats-Unis demandent à leurs douanes, c'est-à-dire à l'étranger, car les droits d'entrée, douane ou octroi, ce sont les vendeurs qui les payent, 50 p. 100 des charges publiques.

L'Australie, cette fille intelligente de l'Angleterre libérale et pratique, pour se procurer des revenus, sait fort bien faire payer à nos vins un droit de 83 fr. par hectolitre, quoique ses laines soient reçues en France sans rien acquitter.

LIBRE-ÉCHANGE.

Quand donc comprendrons-nous, nous cultivateurs, et exigerons-nous, car nous sommes la majorité, que, à tous et à chacun, l'Etat dise :

« Mes amis, faites vos affaires à votre guise,
comme vous l'entendrez, à la condition expresse, la
seule, de payer le même impôt pour l'entretien de la
chose publique. Vous, *protectionniste* (le mot n'y
fait rien), au nom de votre liberté, vous qui achetez
un hectare de terre en France pour cultiver du
blé, vous aurez à payer 3 fr. par hectolitre, ou pour
plus de commodité 30 fr. par hectare, en impôt
foncier, enregistrement, timbre, mutation.... Vous
libre-échangiste (votre joli nom n'y fait rien), au
nom de votre liberté, que je dois faire respecter,
vous pouvez acheter un hectare de terre ou du blé
en Russie, si tel est votre bon plaisir ; mais au nom
du droit naturel et de l'équité, quand, à votre heure
et à votre convenance, vous ferez entrer votre blé
en France, afin de jouir des avantages du marché du
pays, vous payerez à la chose publique le même
impôt qui frappe le produit national. »

Oh ! alors, mais alors seulement, nous aurons
l'Egalité dans la Liberté.

Est-ce que le capital du cultivateur n'est pas
aussi sacré que le capital du commerçant !

Pourquoi cet avantage inique concédé à l'hectolitre de blé du citoyen qui trafique avec l'étranger?

Messieurs du libre-échange, ayez donc le courage de dire que les cultivateurs sont vos bêtes de
somme !

L'Agriculture ne veut pas du monopole de la
prohibition à l'intérieur, comme elle ne veut pas
pas davantage du monopole du libre-échange à
l'extérieur ; elle veut protéger sa liberté par les
douanes ; en un mot, elle veut l'Egalité dans la
Liberté.

Paris. — Imp. de E. Donnaud, rue Cassette, 9.

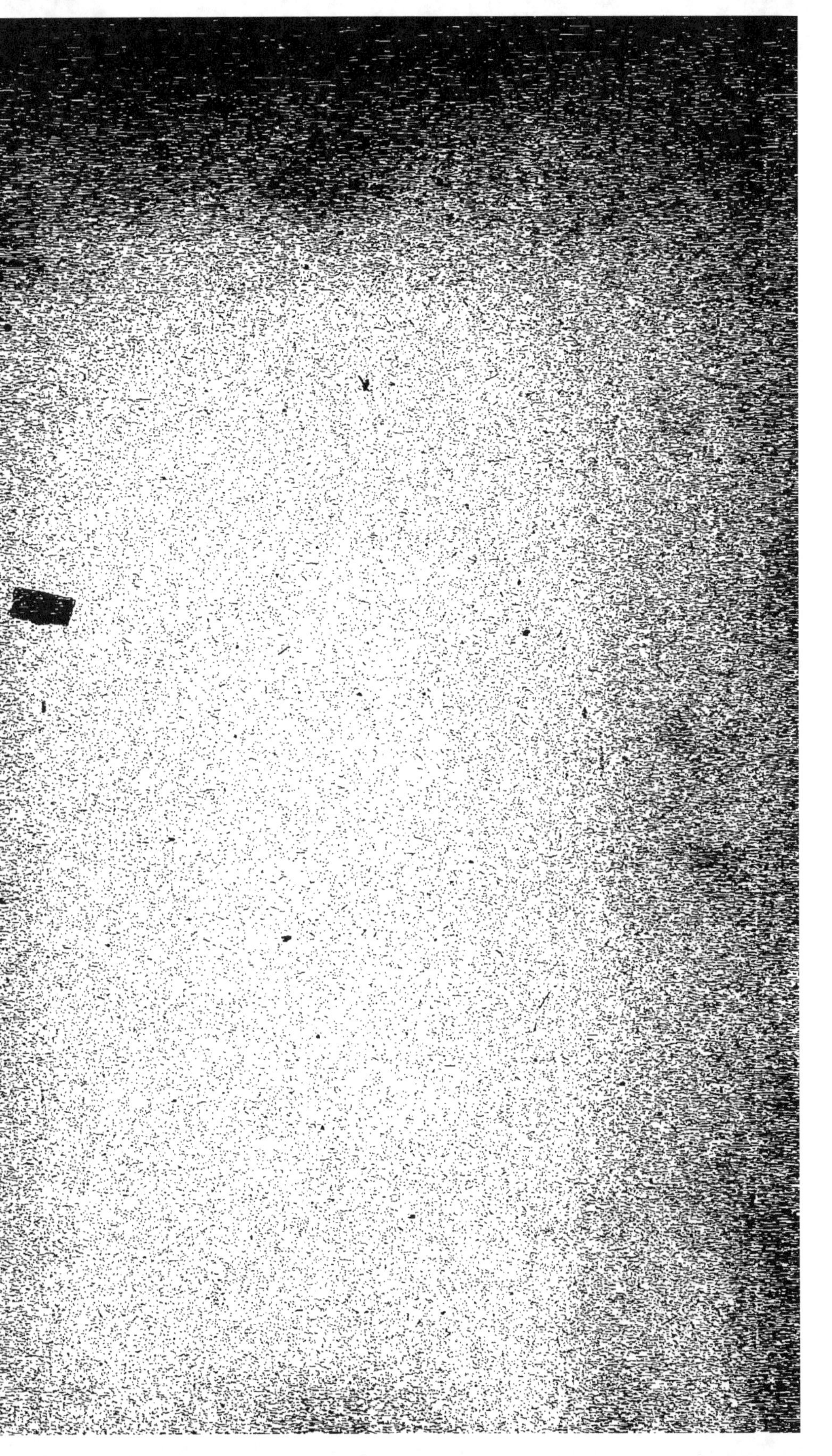